Första kökshand-boken

Matlagningens grundrecept.

Lycka till!

Hans.

Hans Ekström & Eva Gustafsson

INFOBOOKS

www.infobooks.se

www.förstakökshandboken.se

Tryck Europrinting S.p.A. Italien genom Italgraf Media 2010
ISBN 978-91-7003-287-5

Fantasi är en god krydda.

Första, eller sista?

När jag berättade för en bekant om Evas och min bokidé, frågade han efter titeln. *Första kökshandboken*, svarade jag. *Sista, borde den väl heta*, genmälde han. *Varför den sista? Jo, när man har den behöver man inga fler.* Det hör till saken att denna person har ett förflutet som kock, och alltid måste slå upp hur mycket av det ena och andra som ingår i smeten till köttbullar (se sidan 48 för ett alternativ). Ödmjuka som vi är, behöll vi den ursprungliga skrivningen. Men visst, om du inspireras så till den grad av innehållet att du från och med nu allt oftare skapar dina egna rätter utifrån dessa grundrecept har vi lyckats i vårt uppsåt. Köp ändå gärna mer matlitteratur, för vill du läsa en god bok, ska du läsa en kokbok.

HANS EKSTRÖM

PS. *Lite varstans i boken har vi petat in linjerade sidor där du kan anteckna erfarenheter av mat som du lagat. En lyckad smaksättning, ett spontant tillägg av någon passande ingrediens, kanske en korrigering av angivna mått. Kan vara början till en helt egen receptsamling.*

Så gör du

Först ett schyst grundrecept.
Så ett rejält mått fantasi.
Smaka av med en nypa mod.

That's matlagning à la Första kökshandboken.

Beurre manié

En bra sås reder sig själv, heter det, och det må vara sant för en del (såser och matlagare). Men om du vill vara på säkra sidan gör du en beurre manié. Det är en kletig liten klump av mjöl och smör som du rör ner i såsen mot slutet av tillagningen, som final. När mjöl-smörbollen löser sig blir såsen mindre blaskig, mer fast i hullet, ja, redigare. Men se opp! Tar du för mycket beurre manié får du en stabbig kräm istället. Så börja med en liten kula, och låt den verka några minuter, innan du eventuellt gör och rör ner en till.

fifty fifty

vetemjöl / smör

Bouquet garni

Vad ska man egentligen ha en bouquet garni till, en bukett av kryddor? Visst, man skulle kunna knyta en vacker liten knippa att överlämna till värdinnan. Eller låta den pryda köksfönstret i den där souvenirvasen av provençalsk keramik som man aldrig hittat någon annan vettig användning för. Men du skulle också kunna nyttja den till vad brukligt är, att sätta smak på bland annat soppor och grytor. Riv några kvistar av färska örter, som persilja och timjan, plocka något lagerblad, skär en bit purjolök, blekselleri eller fänkål, fyll ut med annat grönt som du tycker om. Bind ihop allt med en bit bomullssnöre och låt kryddorna koka med i rätten. Glöm bara inte att fiska upp kryddkvasten innan du ställer maten på bordet.

Lagerblad
Persilja
Selleri
Timjan

Blinier

Som bärare av läckerheter till förrätt eller dessert är dessa ryska plättar helt perfekta. Du blandar ut jästen i mjölken, som ska vara ljummen. Rör i äggulan, gräddfilen, mjölet och saltet. Notera att det ska vara bovetemjöl för att ge blinin den rätta, aningen syrliga smaken. Till sist vispar du äggvitan till hårt skum och vänder försiktigt ner i smeten. Blinier gräddas ofta i särskilda formar på spisen, men en plättlagg går lika bra. Du kan också använda en liten stekpanna om du föredrar blini medium eller large. Det beror på vad du tänker servera på den. Vanligen ser vi någon fin rom, hackad rödlök och gräddfil på toppen. Följ din egen känsla och lägg på frästa kantareller och hackad persilja, gravlax, kanske skaldjur, grönsaker, eller...

1 dl bovetemjöl

1 dl vetemjöl

1 ägg

10 g jäst

2 1/2 dl mjölk
2 msk gräddfil
+ nypa salt

Mina recept

Fond

Att koka fond eller buljong tillhör de klassiska grunderna i matlagningen. Det tar sin tid och få restauranger gör idag sina egna smakgrunder till såser och maträtter. Hemmakockens möjligheter är naturligtvis ännu mindre. Dessutom är de färdiga koncentraten på flaska och som tärning en alldeles utmärkt genväg till godare mat. Men det kan ändå vara bra att ha ett hum om den ädla konsten att spara (smaker) i fonder. Principen är att låta råvaran sakta koka i vatten tillsammans med några lämpliga grön- och rotsaker. Gul lök, purjo, persilja, selleri är exempel på ingredienser som ofta återkommer i recepten. Fisk- och fågelskrov ska vara råa och först sköljas under kallt vatten. Skaldjursrester krossar du och fräser i lite smör eller olja. Köttben behöver brynas innan du sätter till vätskan. Vattnet ska precis bara täcka innehållet. När du känner att din fond är klar, silar du bort allt som gjort sitt och ställer den att kallna. För att koncentrera smakerna, låter du mer av vätskan koka bort. Fonden håller sig länge i kylen, men du kan också frysa den. Använd lådan för iskuber, så kan du tulla på ditt smakkapital allt efter behov.

Fisk och skaldjur – 1/2 timme
Fågel – 2 timmar
Kött av nöt och vilt – 4 timmar

Ungefärliga tider
(kom ihåg att ett par gånger ta bort
skum som lägger sig på ytan)

Frityrsmet

Som vanligt inom kokkonsten finns det många idéer om vad som är det bästa receptet. Här får du förslag på en variant som duger till det mesta. Rör ihop majsena, vetemjöl och vatten till en slät röra, inga klumpar eller klimpar. Gör i ordning dina grönsaker, din svamp, dina skaldjur eller din fisk i lagom stora munsbitar och se till att de är ordentligt torra. Doppa dem i smeten, låt överskottet av frityr rinna av och sänk dem försiktigt i den heta oljan. Välj en neutral olja av god kvalitet, rapsolja förordas av många. För att testa temperaturen, som ska ligga runt 180 grader, lägger du i en liten bit vitt bröd. Om den snart blir gyllenbrun och vacker, är det läge för fritering. Alltså, ner i oljan. Men inte för mycket på en gång. Kolla noga och lyft sedan upp det friterade med en hålslev. Låt torka en stund på dubbla hushållspapper. Servera och njut. När du är klar, drar du kastrullen med den heta oljan av plattan och låter den svalna. Sila genom kaffefilter och spara till nästa tillfälle. Ett par, tre gånger duger samma olja att fritera i. Slutligen ett varningens finger: Om det tar fyr i kastrullen, kväv branden med ett lock. Absolut inte vatten. Aldrig! Då kan oljan fullkomligt explodera och orsaka stor förödelse.

1 dl majsena
2 dl vetemjöl
1 dl kallt vatten

Svårt att fritera? Jo, men någon gång ska vara första gången.

Glass

Konsten att tillreda glass handlar om att ömsom röra röran och ömsom frysa den. Enklast är att använda en elektrisk maskin som fixar detta. Men du kan också ställa in bunken med krämen i frysen, vänta ett slag, ta ut den och vända runt blandningen, ställa in skålen igen, ta ut den och röra och hålla på så tills antingen glassen är klar, eller du känner dig helt färdig. Vispa äggulorna och sockret vitt och fluffigt. Koka försiktigt upp mjölken med nästan all grädde, ta i den sista skvätten och häll sedan långsamt det varma i ägg-och-socker-pöset. Blanda och värm det hela (det får absolut inte koka upp!) ett par minuter och ställ din kräm att svalna. Innan du startar glassmaskinen, eller påbörjar din röra-frysa-röra-manöver, vispar du smeten några minuter till. Men smaksättningen då? Ja, den har man oftast i när mjölken och grädden hettas upp, fast du kan ju också under rörandet och före frysandet av den kokta krämen fylla på med hackad choklad, raspad mandel, citronskal i fina strimlor, kokosflis, krossade bär eller små bitar av frukt. Denna fas är dock helt upp till din fantasi, och ditt mod.

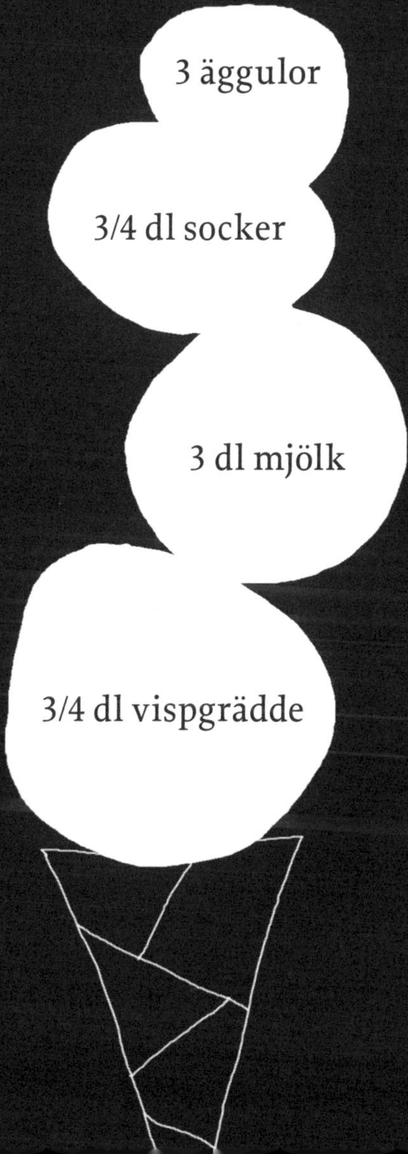
3 äggulor
3/4 dl socker
3 dl mjölk
3/4 dl vispgrädde

Mina recept

Glasyr

Ofta är den vit men ibland rosa eller illande grön. Glasyren som täcker bakverk av skilda sorter består av florsocker och vatten. Färgen kommer från sockerkulör. Har du lust att labba lite så testa med att sätta till rivet citronskal, pudra i kakaopulver, skvätta i någon likör eller outspädd saft. Går det åt skogen gör du lätt, och mer rätt, en ny sats. Det finns säkert krångligare recept, men här väljer vi den enkla varianten. Blanda florsocker och vatten till en slät kräm, smeta ut över kakan eller tårtbotten och låt stelna. Konstigare är det inte.

2 dl florsocker
1 msk vatten

Gratängsås

Att gratinera en rätt betyder två saker: 1. du sätter in den under cirka 10 minuter en kvart i ugnen med stark övervärme så att ytan blir vackert gyllene och 2. du behöver först göra en gratängsås. Sätt en kastrull på svag spisvärme, smält smöret och fräs mjölet så att det bildar en varm smet. Men passa noga, den får inte brynas och ta färg. Öka på värmen och späd blandningen med mjölken, lite i taget, och rör hela tiden tills det hela kokat upp. Konsistensen ska vara just såsig, inte stabbig, om det krävs tunnar du ut den med mer mjölk, eller kanske en skvätt god buljong. Sedan låter du såsen puttra försiktigt under lock i 3 till 5 minuter. Stäng av värmen och lyft undan kastrullen.
Nu vispar du upp äggulan i grädden till en redning och rör ner i såsen, som ska vara het men inte längre kokande. Krydda med salt och peppar och din gratängsås är klar! Bred ut den som ett täcke över maträtten och skjuts in i ugnen. Beroende på vad du tänker gratinera kan du även smaksätta med riven ost, färska örter, svamp, skaldjur, eller vad du tycker förhöjer smaken.

1 äggula

2 msk smör

3 msk vetemjöl

4 dl mjölk

1/2 dl grädde + salt och peppar

Grönsaker

Tänk på pasta. Uttrycket ”al dente” betyder att den inte ska koka längre än att du förnimmer ett tuggmotstånd. Samma regel gäller för det gröna, både det som växer ovan jord och det som kommer underifrån. Inte tillagas längre än att smaken, konsistensen, färgen och näringsämnena finns kvar. Vattnet ska vara kokande när du lägger i dina ansade och delade grönsaker, och nätt och jämnt täcka dem. Ta i en tesked salt per liter vätska. På med locket och dra ner värmen något, det ska koka men inte våldsamt. Tiden får du välja på känn. En fin liten primör blir klar mycket fortare än en fullvuxen av samma sort. Sommarens mjälla nypotatis till exempel är färdig på en kvart, medan vinterpotatis behöver 20 minuter till en halvtimme i kastrullen. Så checka med att sticka i grönsakerna och häll av vattnet så snart bitarna är lagom fasta, eller mjuka. Samma sak när du fräser dem på spisen eller bakar dem i ugnen. Rädda dina gröna saker från värmen, när de ger rätt känsla ”för tanden”.

Gå på känn

Mina recept

Knäckebröd

Glöm för ett ögonblick de fyrkantiga, förutsägbara bröden i färgglada pappersbanderoller. Nu ska du istället tänka runt och fritt och fantasifullt. Knäckebröd går verkligen att göra personliga. Komponera din variant med mjölsorter som du antingen gillar, eller bara råkar ha hemma, och kavla ut bröden i det format du önskar. Detta grundtema är en bra början. Lös upp jästen i vätskan som ska hålla 37 grader. Sätt till saltet och rör i mjölet lite i taget. Samtidigt fyller du på med det du vill smaksätta brödet med, kryddor, hackad dill, krossade nötter, små bitar av frukt, sesamfrön, eller vad det nu kan vara. Knåda ihop allt till en deg som känns lagom fast och kavlingsvänlig. Ta mer mjöl om den fortfarande klibbar. Jäs i en timme. Sätt ugnen på 220 grader. Dela klumpen i 5 bitar. Kavla ut dem tunt, mjöla lätt över degen om det behövs, och lägg på plåt. Grädda i 6 till 8 minuter, eller tills de blivit hårda och fått fin färg. När dina knäckebröd är klara, stänger du av ugnen, lägger bröden på gallret och låter dem eftertorka i den avtagande värmen med luckan på glänt. Åh, vad gott det blir!

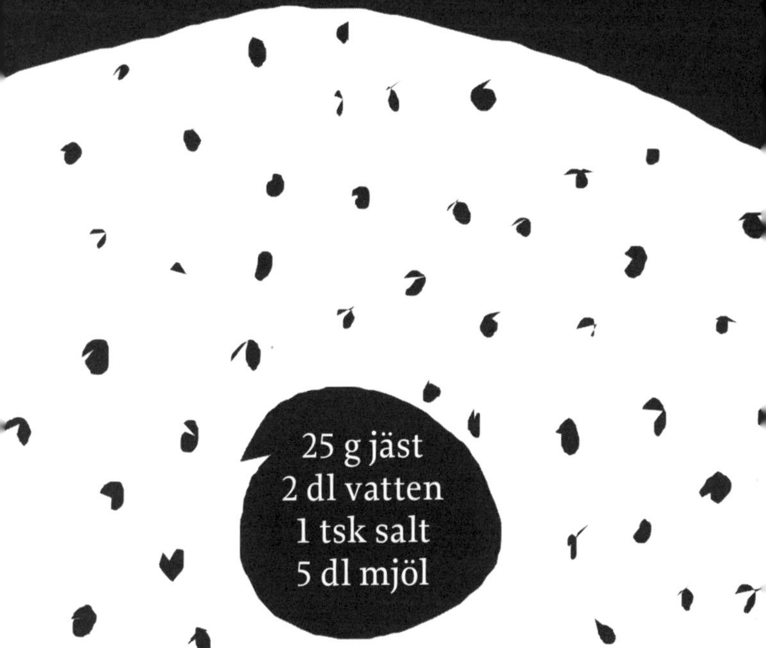

Kryddor efter smak.

Kokta ägg

Vitan i ett ägg börjar stelna ungefär 5 grader före gulan, vid 60 respektive 65 grader. Denna lilla skillnad, som naturen skänkt ägget, betyder att du kan välja mellan att tillaga ett löskokt ägg, med stelnad vita och krämig gula, och ett hårdkokt där vitan är fast och gulan gott och väl antagit samma konsistens. Du har dessutom ett annat beslut att ta, nämligen om du ska börja proceduren i kallt vatten eller först låta det koka upp. Vad du än väljer, behöver du ett pålitligt ur. Koktiderna på nästa uppslag gäller för ägg av normal storlek.

Kallt vatten

Lägg ägget i kallt vatten,
starta klockan när vattnet börjat sjuda.

3 min
löskokt ägg

6 min
hårdkokt ägg

Kokande vatten

Koka först upp vattnet,
lägg sedan i ägget och starta klockan.

6 min
löskokt ägg

10 min
hårdkokt ägg

Mina recept

Kryddsmör

Du kan också kalla det aromsmör, om det låter bättre. Ofta ser vi en skiva trona överst på en grillad köttbit eller nerpetad i en bakad potatis. Men det kryddade smöret förhöjer också smaken på soppor, såser, stekt fisk och på grillade skivor av bondbröd. Eller helt enkelt där du tycker att det passar. Låt smöret ligga i rumstemperatur en stund, och ge dig sedan på det med en rejäl visp. Kör på tills det är mjukt och glansigt. Smaksättningen har du redan förberett så den ligger färdig i en eller flera små skålar. Du har finhackat örter, pressat saften ur frukter, krossat kryddor, skedat upp puréer, skvätt i vätskor, mosat ett och annat eller hackat något som du absolut vill ha med i ditt aromsmör.
Ok, nu tillsätter du ingredienserna i det mjuka smöret och blandar allt väl. Ställ in en stund i kylen så att smöret stelnar en aning. Lägg upp det i en lagom tjock sträng på smör(!)papper och rulla ihop till, just det, en rulle. Stoppa i en plastpåse och in i frysen om du inte ska använda den samma dag. Annars får den vila i kylskåpet. Kom bara ihåg att ta ut kryddsmöret en stund före servering.

75 gram smör

Örter, kryddor och annat efter smak och fantasi.

Köttbullar

Till köttbullar finns säkert lika många recept som det finns mammor. Alla har sina knep för att få till det där unika. Så här kan du göra. Låt ströbrödet svälla en stund i en del av mjölken. Hacka löken pyttefint och blanda den i brödgröten med det malda köttet och resten av vätskan. Rör ner ägget. Krydda. Smeten ska kännas fin och formbar. Rulla till bullar, så stora eller små som du vill ha dem, och bryn i smör (ta bara några i taget, så järnet hålls hett) och låt till sist alla steka klart på aningen svagare värme. Detta är ett grundförslag. Du ska naturligtvis inte tveka att göra dina köttbullar helt efter eget sinne. Blanda nöt- och fläskfärs, eller göra dem på lammfärs. Eller viltfärs. Strunta i mjölken och ta buljong istället, kanske med en skvätt vitt vin i, eller grädde. Byt ströbrödet mot ris eller couscous (då behöver du inte svälla i vätska först). Hoppa löken till förmån för riven morot, fint skuren spenat, krossade nötter... Krydda exotiskt eller hemtamt. Här kan du verkligen låta din fantasi rusa iväg på en smakresa. Bullar, förresten? Platta till färsen som biffar, forma den till ovala järpar eller klä den på grillpinnar. Mängden bör mätta fyra.

400

gram köttfärs

2 dl mjölk | 4 msk ströbröd
1/2 gul lök | 1 ägg

Salt och peppar, smör att steka i.

Majonnäs

För att lyckas med att slå ihop en majonnäs (som slår allt du kan köpa) måste du använda ingredienser och redskap som håller rumstemperatur. Det är A och O. Annars riskerar du att blandningen skär sig. Blanda allt utom oljan i en skål och vispa skummigt. Fortsätt ditt frenetiska vispande medan du försiktigt börjar tillsätta oljan. Låt den sakta förena sig, först droppvis och sedan i en tunn stråle, med äggblandningen. Vartefter som majonnäsen tjocknar ökar du mängden. Smaka slutligen av din sås från Mahón (den sägs komma därifrån, från hamnstaden på Menorca) med några teskedar citronsaft eller en matsked vinäger. Hoppsan! Om det hela ändå skulle spricka, vad gör du då? Lugn, det går att rädda katastrofen. Rör om av full kraft och skvätt i citronsaft. Har du lyckan på din sida uppstår snart den perfekta majonnäsen. Annars kan du börja om på ny och mindre kula med en äggula och när den börjat tjockna tillsätta ditt första försök allt eftersom. Majonnäsen blir ännu mer din egen skapelse, om du sätter till det där lilla extra som lyfter hela maträtten: vitlök, lime, fransk senap, gräslök, tryffel (nåja), chili eller vad din fantasi nu säger åt dig att använda.

3 äggulor
1 tsk fransk senap
4 dl olja

Plus 1 krm salt och peppar samt citronsaft
eller vinäger av vitt vin.

Mina recept

Marinad

Kött blir mörare och smakar mer om du låter det vila kallt i en marinad. Ju grövre kött, ju större bit, desto längre tid. Hur du smaksätter din lag beror på vad du gillar. Salt, peppar, lagerblad och skivad gul lök hör till. En skvätt olja är ofta återkommande i recepten och den mörande ingrediensen brukar vara vin, vinäger, citronsaft eller naturell yoghurt. Det är det sura som ska bryta ned köttets struktur och göra det mer njutbart att sätta tänderna i. Även alkohol sägs göra nytta, så testa gärna att ta i någon sort som passar den färdiga rätten. Kryddor väljer du efter smak. Lägg köttet i en fryspåse eller två, häll över marinad så att det täcker ordentligt, pressa ur luften, förslut påsen och lägg den i kylskåpet. Innan du tillagar maten är det bra att ta ut köttet en god stund i förväg så att det får rumstemperatur. Det mesta av marinaden ska du torka av innan du lägger köttet i stekpannan, på grillen eller i grytan. Tar du vin som mörande ingrediens är det ok med både rött och vitt, eller varför inte rosé? Men ljusare kött som gris eller fågel ser aptitligare ut om du använder ett vitt vin.

Lika delar

olja

neutral smak

syra

kan vara vin

sälta

soya, kanske, och dina kryddor

Komponera ingredienserna och smaka dig fram.

Maräng

Om du gillar marängsviss, maränger och skivad frukt med tjock vispad grädde och sås av riktigt mörk choklad, är det ju inte fel att kunna ståta med att också ha fixat själva marängen. Här vill det till att vara stark i handlederna, eller ha tillgång till en elvisp, för vispas hårt ska det. Börja lite långsamt med bara vitorna, vänd ner en del av sockret och öka tempot. Känner du att vita maränger är ute för dagen, sätter du till några stänk karamellfärg i massan. Du kan också leka med smaken, blanda i kakao, hälla i litet citronsaft, röra i fint hackad mandel, ta i pulverkaffe eller något annat som gör dina bakverk till allas favorit. Fortsätt vispa och ta i resten av sockret när skummet är fast och hårt. Klicka ut smeten på en plåt och sätt in i ugnen på svag värme, inte över 100 grader, i en timme eller tills marängerna är fasta och ser fina ut. Som variant på den klassiska svissen kan du pröva den dessert som eleverna på ärevördiga internatskolan Eton i England lär få serverad på söndagar. Efterrätten kallas ”Eton Mess” och består av krossade maränger, krossad mörk choklad, vispad grädde, färska bär och på toppen varm chokladsås.

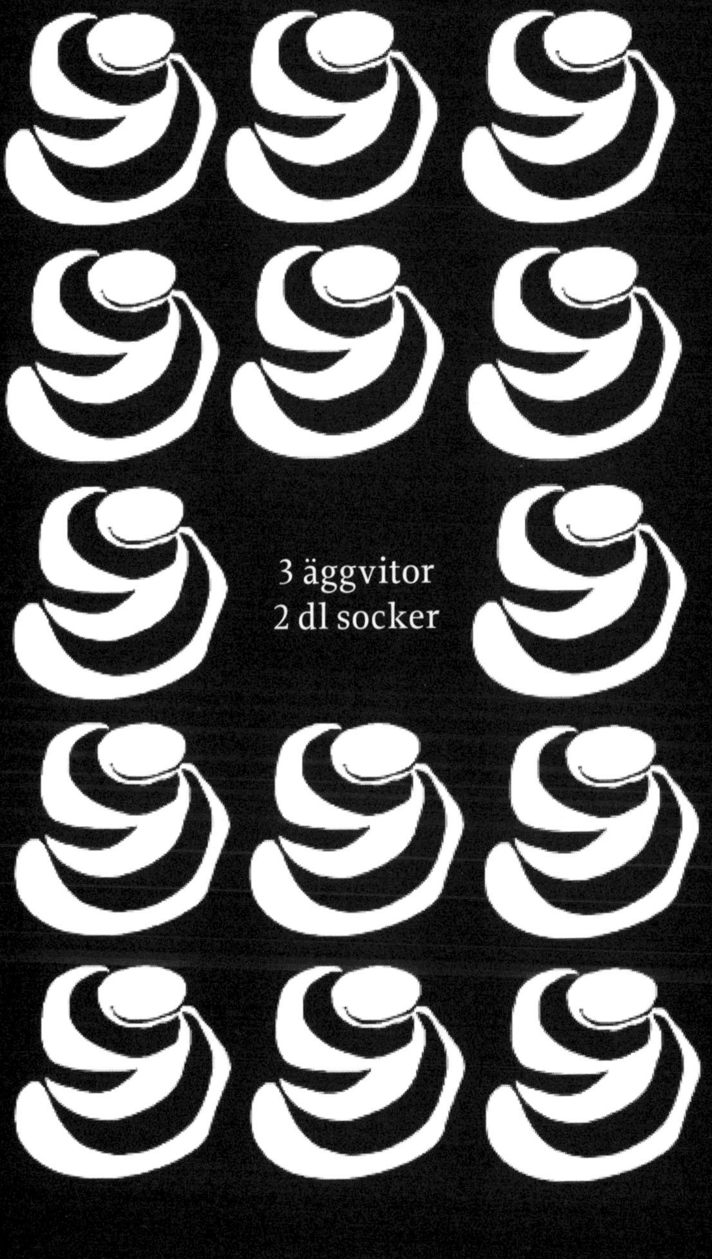

3 äggvitor
2 dl socker

Matbröd

Baka är roligt. Du kan blanda olika sorters mjöl, peta i torkad frukt, hackade nötter, färska örter, grovriven ost, oliver, ja, låta fantasin regera i köket. Följ grundreceptet och justera måtten beroende på hur grovt mjöl du använder och vad du laddar din deg med. Värm vattnet till exakt 37 grader. Smula sönder jästen och lös den i lite av degvätskan, i med resten av vattnet, honungen och saltet. Här är läge att sätta till kryddor och annat som du bestämt dig för. Till sist ska du röra i mjölet, börja med det grövsta. Bearbeta degen för hand eller i maskin och tillsätt mjölet i omgångar. Jobba på och sluta när din deg känns smidig och släpper bunkens kanter. Täck med en ren kökshandduk och ställ att jäsa till dubbel storlek. Vält ut degen på ett mjölat bord och knåda ihop den helt snabbt. Forma till limpor eller bullar på plåt och låt jäsa en halvtimme under duk. Sätt på ugnen, 200 grader för limpor och 225 grader för bullar. De stora bröden gräddar du i en halvtimme till trekvart och de små i 15 minuter.

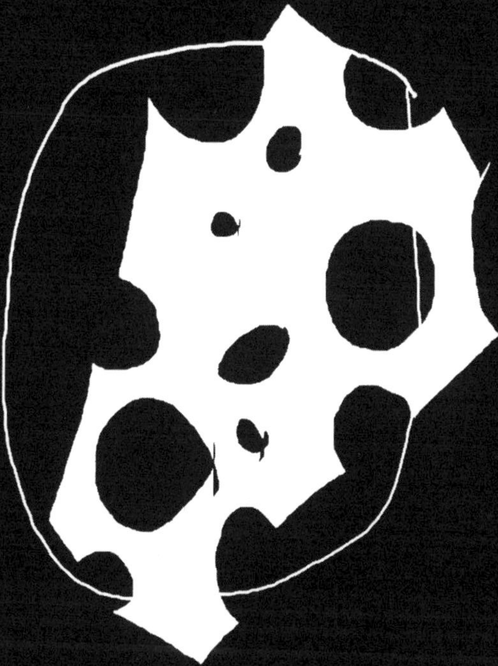

50 g jäst
5 dl degvätska, t ex vatten
10–12 dl mjöl

Plus 1 msk honung och 1 tsk salt.

Mina recept

Mjuk kaka

Låt oss kalla det sockerkaka så vet alla vad det handlar om. Socker ska det vara i, men sedan kan du laborera med den smaksättning du gillar, kardemumma, rivet citronskal, kakao, vanilj, kanel, ingefära eller vad du nu tycker kan passa till fikat. Eller så serverar du den som just sockerkaka.
Sätt ugnen på 175 grader. Smöra och bröa en bakform. Vispa upp sockret med äggen, smält smöret och blanda bakpulvret med mjölet. Rör ihop allt till en smidig smet och fyll formen. Bums in i ugnen på mittersta falsen och låt kakan grädda i 25 till 30 minuter. Ta ut och testa med en sticka att den är färdig helt igenom, känns den fortfarande kladdig låter du den stå i ugnen en stund till. Allra godast är kakan när den fortfarande är lite ljummen.
Om du istället för en hög bakform väljer en låg pajform, kan du skapa andra godsaker. Häll smeten i den smörade och bröade formen. Peta ner äppelklyftor, skivade plommon, färska eller frysta bär, bitar av choklad eller vad du nu tycker om. Grädda en halvtimme i 175 grader.

2 ägg
2 dl socker
50 g smör
2 tsk bakpulver
1 dl mjölk
3 dl vetemjöl

Smör och ströbröd eller mjöl till bakformen

Omelett

Säg omelett, och du framkallar leenden. Stekpannan ska vara riktigt het. Smöret ska fräsa men inte skumma längre, då ska äggen i. Två, tre kan vara lagom. Gör hellre flera omeletter än att ge dig på en med många ägg. Gulorna och vitorna gafflar du samman helt snabbt i en skål. Det finns de som hävdar att det bäst sker med dubbla bestick i samma grepp. Om du vill kan du dryga ut blandningen med ett halvt äggskal vatten eller grädde. Vit, torr martini sägs också duga. Häll smeten i det brynta smöret och rör flinkt runt den mot botten. När du ser att det börjar stelna över hela ytan, låter du omeletten vara i fred några sekunder så att den bryns vackert på undersidan. Vik den sedan dubbel och häll över på en varm tallrik.

Klick

smör

Pajdeg

Mjöl och kylskåpskallt smör plus en skvätt vatten är allt du behöver till själva pajskalet. Plus 200 grader i ugnen. Det är viktigt att du gör degen snabbt, annars hinner den bli varm och kladdig. Häll mjölet i en bunke, tärna raskt ner smöret och hacka ihop det kvickt som tusan med en matkniv. Eller nyp med fingarna. Ta till sist i det kalla vattnet och knåda samman allt till en boll. Lägg degen i en plastpåse och låt vila i kylskåpet en stund. Kavla ut till en rund platta, den här mängden räcker till en pajform som är 20 till 25 cm i diameter, eller tumma ut den direkt i formen. Har du tid (och plats) kan du ställa in den i kylen eller frysen en stund, medan du väntar på att ugnen ska nå sin rätta temperatur. Grädda sedan skalet mitt i ugnen i 10 minuter, kolla mot slutet så att kanten inte blir bränd. När tiden gått och du tagit ut formen låter du den svalna ett tag innan du fyller den med gottigt innehåll (se sidan 70).

3 dl vetemjöl

150 gram kyl-skåps-kallt smör

Plus 1 krm salt och 1 msk iskallt vatten.

Mina recept

Pajfyllning

Ägg och mjölk är själva stommen i fyllningen, den som får rätten att ”stanna” och bli så där krämigt god och läcker. Förutom ägg-mjölkblandningen, som är ett måste, kan pajen innehålla nästan vad som helst du gillar. Grönsaker, bitar av kall kokt eller grillad kyckling, tärnade starka korvar, skinka, riven ost, örtkryddor; egentligen är det bara din smak och fantasi som sätter gränserna. Så överraska gärna dig själv, och dina nära och kära. Först fyller du pajskalet (recept sidan 66) med det matiga du har valt, och häller sedan försiktigt på ägg-mjölken upp till kanten. Låt allt gräddas i 200 grader mitt i ugnen under sisådär en 20 minuter, eller tills pajen blivit vackert gyllenbrun på ytan.

3 ägg

3 dl mjölk

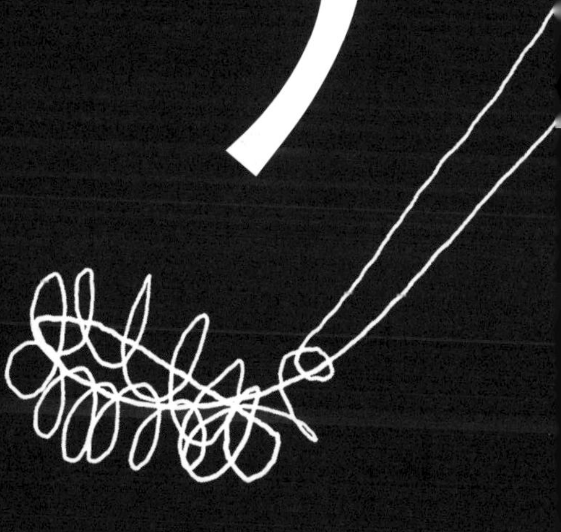

Panering

Skivor av nöt, gris och fågel samt filéer av fisk som ska stekas mår bra av att först kläs i en panad. Den kan vara enkel eller dubbel. Dubbelpanering ger en skyddande skorpa som förhindrar att köttet blir torrt, den ger också en smaklig frasighet. Tips för att lyckas! Snåla inte med mattfettet, men var återhållsam med värmen. Själva paneringen utför du i fem steg: 1. Salta och peppra. 2. Mjöla på båda sidor. 3. Doppa i uppvispat ägg. 4. Vänd i ströbröd. 5. Låt torka. Det sista är nästan det viktigaste. Panaden måste få torka fast i köttet en stund innan du steker det. Risken är annars att den trillar av. Den enkla varianten av panering innebär att du bara vänder till exempel pannbiffen i vetemjöl. Ger en fin yta och på köpet reder du stekskyn.

mjöl
ägg
ströbröd

En träffande beskrivning
av hur panaden på en
wienerschnitzel ska vara beskaffad
lyder som följer.
Den ska vara så torr att du kan
sitta på den utan att få fettfläckar
på kläderna.

Pannkakor

Det är helt ok att kalla det "pangkakor". Eller "crêpes" om du ska lägga någon fyllning på dina pannkakor, rulla ihop dem samt gratinera dem med riven ost. Det är lika tillåtet att utgå från detta grundrecept (om du inte ärvt någon hemlig uppteckning). Lös upp mjölet i lite av mjölken tillsammans med saltet. Tricket är att röra runt det hela så att smeten blir fri från klimpar. Fortsätt med resten av mjölken och äggen. Vispa duktigt och häll till sist i smöret, som du först har smält i en kastrull. Låt smeten stå och tjockna ett tag medan du hettar upp stekpannan till mellan medel och hög värme. Pytsa i någon deciliter av smeten (anpassa mängden till järnets storlek) och vicka på laggen så att smeten rinner ut till en fin rundel. När den börjar stelna på ovansidan, det ska ta någon minut eller så, har den också fått fin färg på undersidan, och det är dags att vända pannkakan för ytterligare en stunds stekning. Sedan är det bara att köra på tills du har slut på smet. Mängden ska räcka till 10 till 15 omgångar och minst det dubbla om du gör plättar.

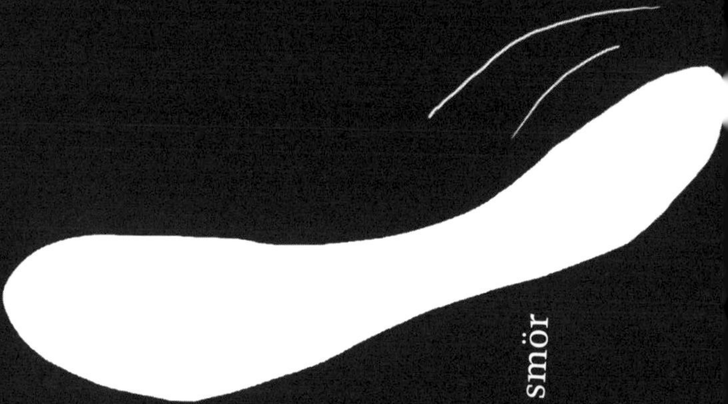

4 dl vetemjöl / 2 dl mjölk / 4 ägg / 50 g smör

Mina recept

Pastadeg

Frågar du italienare om receptet på pastadeg, får du olika svar beroende vad som är tradition i just deras familj. På tv har du kanske sett hur man lägger upp mjölet i en hög, gör en grop i mitten där äggen knäcks och sedan knådar ihop allt till en fast och smidig deg. Proffsigt, men det går lika bra att blanda allt i en vanlig bunke. Du kan för övrigt behöva ta i litet vatten, beroende på hur stora äggen är. Degen är klar när den känns mjuk utan att klibba. Det tar säkert en kvart och lite starka nypor att få till den rätta konsistensen. Innan du går vidare, behöver pastan vila någon halvtimme i rumstemperatur, gärna i plastfolie. En brödkavel, eller en pastamaskin, är redskapet för att göra pasta av degen. Försök att få den så tunn du bara kan. Pudra mjöl över och låt torka en stund före nästa steg. Rulla ihop pastasjoket några varv, inte för hårt. Skär med en vass kniv tvärs över med någon halv centimeters mellanrum. Till sist lirkar du försiktigt upp rullarna så att det formas liksom nystan. Färsk pasta ska praktiskt taget bara ner och vända i det kokande vattnet för att bli ”al dente”, det vill säga fortfarande ge lite tuggmotstånd för tanden.

3 dl mjöl
av durumvete
3 ägg
vattenskvätt

En nypa salt.
Ger 4 till 6 portioner färdig pasta.

Pizzadeg

Det är klart att en vedeldad bakugn har sin betydelse för hur pizzan smakar och ser ut. Till och med elugnen som många pizzerior använder gör sitt till. Du får nöja dig med att sätta på full värme i den ugn du har. Ljumma vattnet till 37 grader. Rör ut jästen i 3 matskedar av vätskan och ungefär lika mycket av mjölet till en jämn smet. Låt den jäsa en halvtimme under bakduk. Lägg upp allt mjöl utom någon deciliter i en hög på bakbordet. Gör en rejäl grop mitt i pyramiden och tillsätt jästsmeten, saltet och resten av vattnet. Sätt nävarna i mjölet och börja försiktigt fösa ihop det med vätskan. Blanda och knåda degen i ungefär 10 minuter. Använd mjölet som du sparade om så krävs. När degen känns smidig och fin delar du den i fyra lika stora bitar, som du rullar till bollar. Två timmar ska de jäsa under duk och då bör de antagit dubbla storleken. Platta till bollen med handen, kavla ut till en tunn kaka och tryck slutligen till med tummarna en bit innanför kanten. Det sista momentet ska fixa till den där stiliga, upphöjda avslutningen på pizzan. Återstår att förse den med fyllning efter smak, skiva mozzarella på toppen och baka klart i 10 till 15 minuter. Hitta på ett bra namn på pizzan, och servera.

25 g jäst
2 1/2 dl vatten
7 dl vetemjöl,
gärna Special

En tesked salt, om du vill.

Pocherade ägg

Verbet pochera kommer av det franska substantivet för ficka, poche. Det betyder att du gömmer äggets gula i en lomma av koagulerad, fast vita. Om du hört uttrycket ”förlorade ägg”, så är det samma sak som pocherade. Välj en vid och låg kastrull som du fyller med kallt vatten. Ta 1/2 matsked salt och 1 till 2 matskedar vinäger till varje liter. Koka upp, stäng av värmen, knäck äggen och låt dem ett i taget försiktig glida ner i vattnet. Om du först delar ägget i en kopp eller på en djup tallrik blir det enklare att hålla samman vitan och gulan.
Lägg på ett lock som sluter tätt och lämna i cirka 3 minuter. Sedan ska vitan vara ogenomskinlig och dölja den ännu lite lösa gulan. Lyft upp med en hålslev, flytta över i en skål med kallt vatten så att temperaturen i gulan sjunker. Snygga till kanterna på vitan med en vass kniv, och servera.

ägg vatten

Salt 1/2 msk per liter vatten
Vinäger 1 till 2 msk per liter vatten

Mina recept

Puré

När du mosar potatis, får du utan tvekan ett potatismos. Om du pressar moset genom en sil med baksidan av en stor sked, det heter också att passera, har du gjort en len potatispuré. Manövern med silen finfördelar potatisen och rensar bort grövre bitar. Späder du sedan purén med vispgrädde har du åstadkommit en potatissoppa som är så fin att den går under benämningen crème. Puré går att göra på många grönsaker och rotsaker. Skär ner dem i bitar och låt koka i buljong tills de blir riktigt mjuka, brukar ta omkring 20 minuter. Häll av vätskan och massera massan genom silen, gärna några gånger för att få med alla smaker. Krydda.

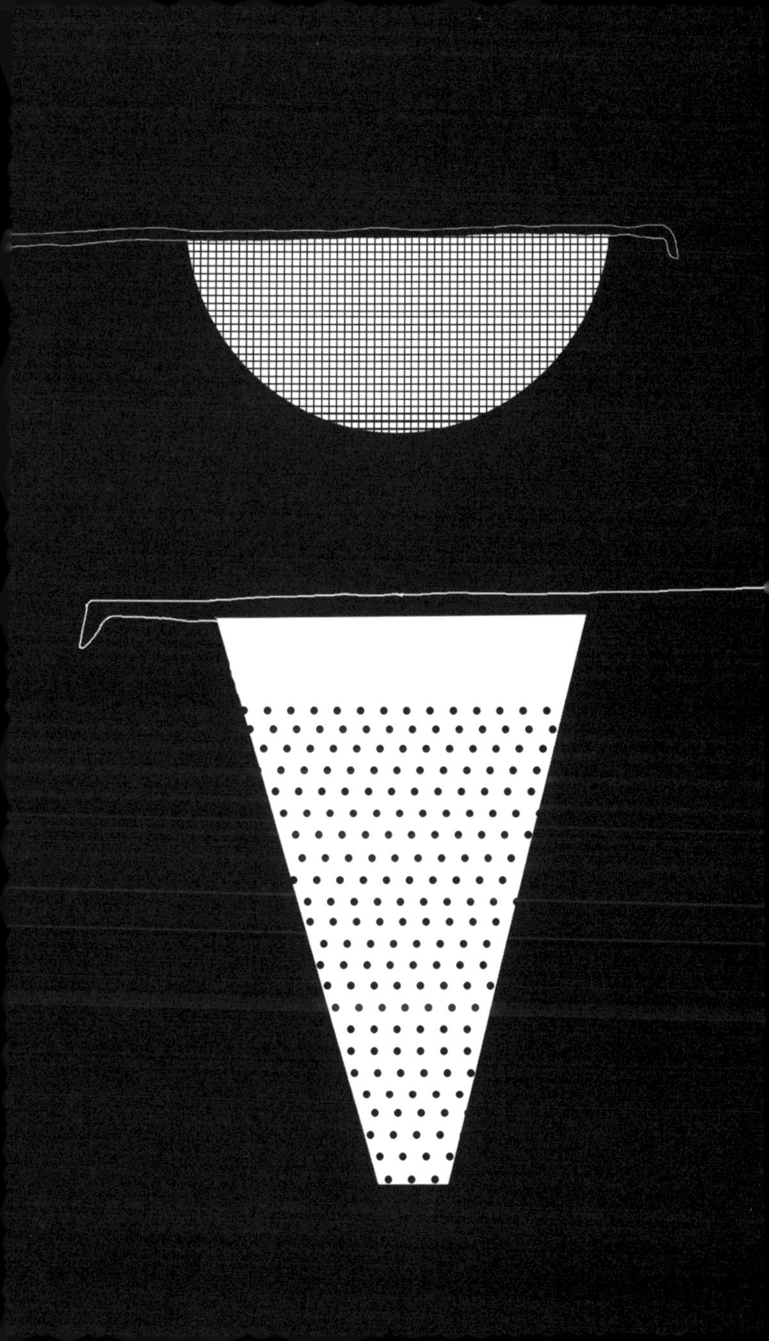

Redning

Under rubriken beurre manié berättar vi hur du gör en sås mer stadig i konsistensen. Det som kallas att reda. Men det finns flera sätt att göra det på. Du kan tillsätta redningen i såsen, från toppen. I det andra gör du tvärtom, du rör ner såsen i redningen, som redan finns i botten. Begreppen är följaktligen toppredning och bottenredning. Men det finns en skillnad till. I det första fallet använder du vatten och vetemjöl och i det andra smör och vetemjöl. Du toppreder genom att koka upp såsen, röra ihop vatten och mjöl i en skål och tillsätta denna blandning i såsen under ständigt vispande. Kokas och vispas i 5 minuter. Bottenredningen inleds med att du försiktigt smälter smör i en kastrull och fräser ihop med mjöl. Sedan häller du såsen en skvätt i taget i redningen, vispar och låter koka i 5 minuter. Måtten räcker till 4 deciliter sås.

PS. Även stuvningar, soppor och grytor kan behöva redas, göras simmigare eller fastare. Då kan du använda ovispad vispgrädde eller äggula. Eller varför inte beurre manié (sidan 14)?

1/2 dl vatten

Toppredning

2 msk vetemjöl

Bottenredning

2 msk vetemjöl

2 msk smör

Rödvinssås

Basen är, förutom vin och vatten, rot- och grönsaker som du skär i små bitar och bryner i olja tills de fått färg. Purjolök, morot och rotselleri är en vanlig kombination. Mängden i hackad form ska hursomhelst motsvara 1 till 2 deciliter. Några tycker absolut att en matsked tomatpuré ska fräsa med i slutet av det här momentet. Det gör du som du vill. Så är det dags att hälla på vinet och buljongen samt göra den första kryddningen. Lagerblad och färska eller torkade örter efter smak är väl inget dåligt tips. Men det är fritt fram att komma på andra varianter. Låt sedan stå på svag värme under lock i omkring en kvart. Sila av rot- och grönsakerna och ställ tillbaka såsen på värmen. Koka upp den igen utan lock. Om du vill få till en tätare, mer koncentrerad, sås är det bara att hålla den småputtrande tills den ångat av sig lagom mycket vätska. Detta kallas att reducera såsen, och får den stå tillräckligt länge (eller för länge) antar den en sirapsliknande konsistens. Smaka av med salt, peppar och en aning balsamvinäger.

2 dl rödvin

3 dl buljong

Rot- och grönsaker som bas, samt kryddor efter smak.

Mina recept

Sill

När det gäller sill, finns en uppsjö av recept att välja på. Bland alla härligheter som står oss till buds i kokböcker och mattidningar, har vi valt en enkel inlagd variant. Köp en burk så kallad inläggningssill, kolla noga så att du tar rätt, en som redan är rensad och filéad. Beträffande övriga ingredienser är ättikssprit och socker obligatoriskt samt rödlöksringar och morotsskivor rätt vanligt som garnering. Men känn dig fri att smaksätta som du vill, kanske med färsk chili, bitar av pepparrot, äppeltärningar eller citronskal. Blanda till lagen (se här intill) och koka upp den. Ställ att svalna. Ta upp filéerna och låt dem rinna av, innan du skär dem i lagom munsbitar. Varva sillen med dina valda tillbehör i en snygg glasburk, tänk på att den ska vara ordentligt urdiskad och riktigt ren inuti. Häll till sist över den kalla ättikslagen, den ska täcka sillen helt, på med locket och in i kylen. Redan efter några timmar kan du provsmaka din egenhändigt inlagda sill.

1/2
dl ättiksprit, 12 procent

2 dl socker

11/2
dl vatten

Spetsa gärna lagen med några krossade korn
av peppar och kanske ett lagerblad eller två.

Smulpaj

Om du undrar, vilken dessert som är lika lätt att tillaga som enkel att variera är vårt svar: smulpaj. Smöra en pajform och sätt ugnen på 225 grader. Blanda, smör och socker i en skål och hacka ihop det till en grynig massa. Beträffande mjölet kan du pröva med olika sorter, eller blanda i havreflingor, krossade corn flakes eller varför inte bitar av riktigt mörk choklad. Fyll sedan formen med bär eller bitar av frukt och annat du gillar, som hackade nötter, rivet skal av lime eller citron, någon krydda som passar, möjligen en droppe alkohol eller två, ja, du får hitta på precis vad du vill. Tänk på att strö över litet potatismjöl om ingredienserna innehåller mycket saft, som blåbär, hallon och vinbär. Potatismjölet gör det hela mindre rinnigt. Täck med den smuliga degen, platta till försiktigt och sätt in i ugnen. Pajen är klar efter cirka 20 minuter. Servera med glass (sidan 26) eller lätt uppvispad grädde.

Fyll med bär, frukt och annat gott innan
du lägger på smultäcket.

2 dl vetemjöl
100 g smör
1 msk socker

Småkakor

Sju sorters kakor har du väl hört talas om? Men tro nu inte att det stoppar vi det antalet, variationerna i smak och form av detta lilla bakverk är otaliga, för att inte säga oändliga. Du kan säkert med din fantasi och experimentlusta addera ytterligare några. Arbeta samman ingredienserna (smöret ska vara kallt och du kan skära eller nypa itu det i mindre bitar) till en fast och fin deg, gör rullar 4 till 5 centimeter tjocka och låt dem vila kallt i plastfolie i en timme. Dela rullarna i halvcentimetersskivor som du lägger på bakplåt, eventuellt kan du trycka till dem en smula (!) med tummen eller en gaffel. Grädda de små underverken i 175 grader under sisådär en 10 minuter. Här är det läge att ha koll på kakorna så att du tajmar tiden perfekt. Låter väl inte så svårt eller hur? Bara gott. Det knepiga är att bestämma sig för om de ska smaka av apelsin, kokos, nötter eller kanske laddas med något örtigt som rosmarin eller timjan. Vad du än väljer ska det tillsättas från början med mjölet. Fast det förstod du nog.

300 g smör
5 1/2 dl vetemjöl
1 1/2 dl socker
1 dl potatismjöl
1 msk vatten

Mina recept

Sockerlag

Blanda socker och vatten i en kastrull ställd på låg värme och låt smälta samman till en klar vätska. Lagen använder du till att koka bär eller skivor av färsk frukt i, du har den som bas i vissa drinkar och kan dränka in den i sockerkaksbotten som ska bli tårta. Fast då blir det godare om du sätter smak på sockerlagen. Du kan välja vanilj, saft av frukt eller bär eller kanske droppa i någon god likör. Sockerlag går utmärkt att spara på flaska eller i en glasburk.

1

dl socker
dl vatten

Sorbet

Här kan du verkligen utmana dig själv i att hitta på nya och spännande smaker. Grunden är en lag som du kokar på lika delar socker och vatten. Låt den kallna innan du blandar i saft. Eventuellt spetsar du röran med bitar av favoritfrukten, mosade bär eller kanske till och med någon spritsort. Sedan ska bunken stå i frysen i ungefär 2 timmar. Men ta ut den mellan varven och vänd runt din sorbet. När de båda timmarna har gått, rör du ner hårt vispad äggvita i glassen och ställer tillbaka den i frysen. Där får den stå tills det är dags för servering.

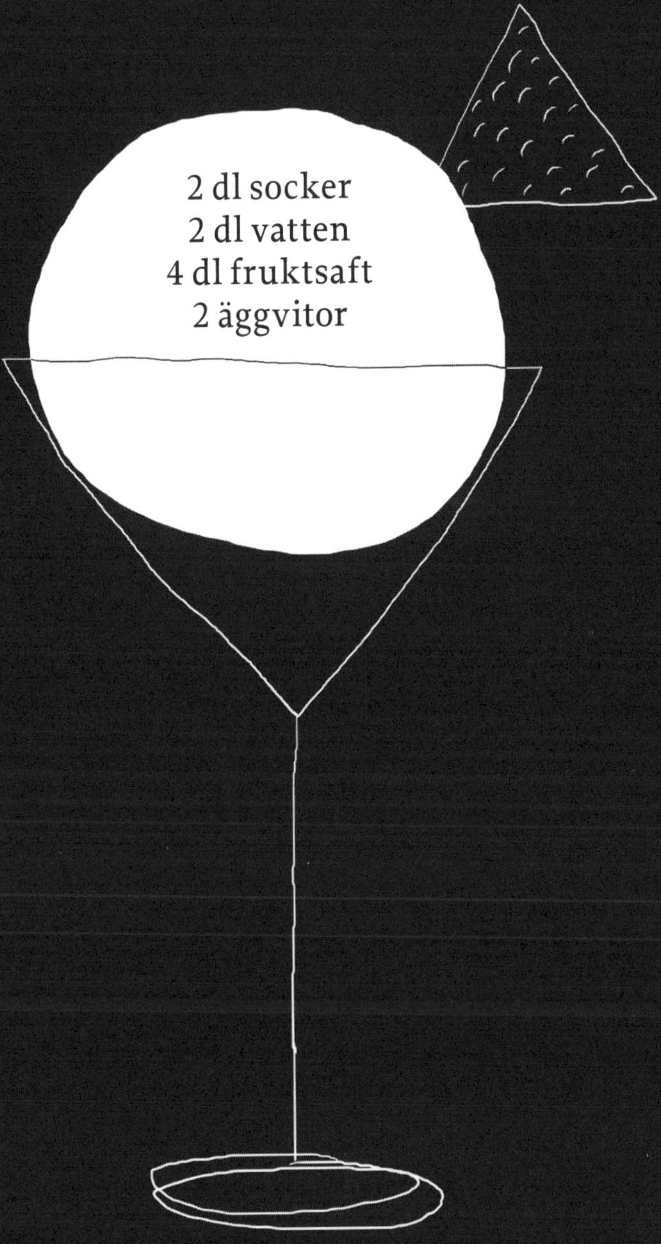
2 dl socker
2 dl vatten
4 dl fruktsaft
2 äggvitor

Steksås

När du tillagar kött i en gryta eller stekpanna, bildas en sky av köttsaften och matfettet som innehåller en massa goda smaker att ta vara på. Då är det perfekt att du gör en sås av detta. Se först till att få borta brända rester ur skyn, enklast genom att sila den. Koka sedan upp vätskan i en kastrull, öka vid behov på mängden med buljong från tärning eller flaska. Vispa upp mjöl och vatten i en skål, och tillsätt i den kokande såsen. Fortsätt att vispa och koka i 5 minuter. Smaka av din steksås allt efter kött och humör. Måtten intill gäller för fyra portioner.

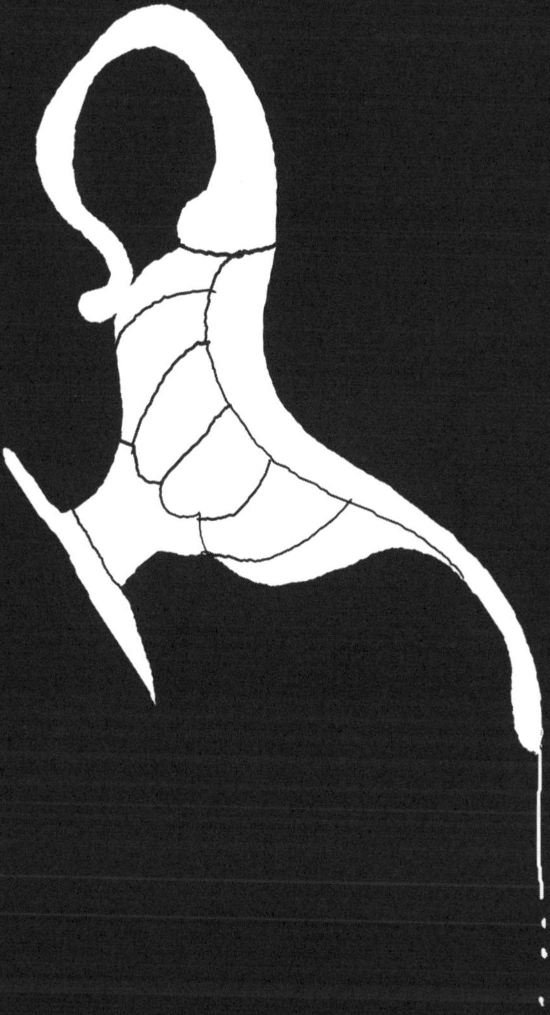

2 dl steksky
2 tsk vetemjöl
1 msk vatten

Salt och peppar

Mina recept

Stuvning

Att stuva något innebär att den tillagade råvaran serveras i en simmig alternativt tjock sås. Tänk på stuvade kantareller, eller potatis, fisk, grönsaker, skaldjur och makaroner. Enklast är att göra en redning på mjölk och vetemjöl, smaksätta och hälla över den frästa svampen, den kokta och skivade rotsaken eller dina räkor. Det finnas andra sätt, men här nöjer vi oss med denna basvariant. Alltså, till en rätt för fyra personer kokar du upp mjölk och mjöl i en kastrull, vispar hela tiden och låter blandningen puttra i upp till 5 minuter. Blir den för stabbig tar du i mer vätska. Blir den för tunn, mer mjöl. Smaka av och tillsätt det du ska servera.

4 dl mjölk

2

msk vetemjöl

Salt, peppar och smaksättning efter råvara och fantasi.

Sufflé

Denna uppblåsta historia kan serveras både som förrätt och efterrätt. Här har vi koncentrerat oss på den förra varianten. Sufflé är en sås som fås att lyfta av hårt vispade äggvitor. Du kan göra såsen i förväg, vispa vitorna i förväg och blanda ihop det i förväg. När sufflén väl står i ugnen ska du hålla fingrarna borta, annars kan den falla ihop som en punkterad ballong. Gör såsen på smör som får fräsa ihop med mjöl, rör i kokande mjölk och låt svalna innan du tar i äggulorna, en och en. Nu ska också smaksättningen som du valt blandas i. Mixa till exempel fisk, skaldjur, kyckling, svamp, grönsaker eller ost till en lätt puré. Till måtten här intill bör det passa med cirka 2 deciliter. Vispa äggvitorna till ett hårt skum och vänd ner i såsen. Välj en form på dryga litern och med raka kanter. Smöra den noggrant och panera botten och kanter med ströbröd eller fint riven ost. Fyll med smet nästan upp till kanten. Sätt in i ugn i 200 grader och håll tummarna i dryga halvtimmen. Öppna för allt i världen inte luckan och tjuvkika! Om allt går som det är tänkt kan du också pösa lite över dina bredder – av stolthet.

1/2 dl vetemjöl
40 g smör
2 1/2 dl mjölk
4 äggulor
6 äggvitor

Svamp

Oavsett om du plockat svampen i skogen eller närmaste livsmedelsaffär, är detta ett bra sätt att tillaga den. Svamp består till största del av vatten. För att koncentrera smaken gäller det att först få bort vätska. Ansa och skär svampen i bitar. Sätt en stekpanna eller kastrull på lagom värme och lägg i din rensade svamp. Du ser snart att vattnet lämnar fruktkropparna som börjar torka ihop en smula. Doften stiger. Öka värmen och klicka i smör och snart bryns ditt svamp- eller butiksfynd till vacker färg. Godast är att servera den just så, nystekt och bara lätt saltad och pepprad. Men du kan ju också stuva den, fast det är en annan historia som du kan läsa mer om på sidan 110.

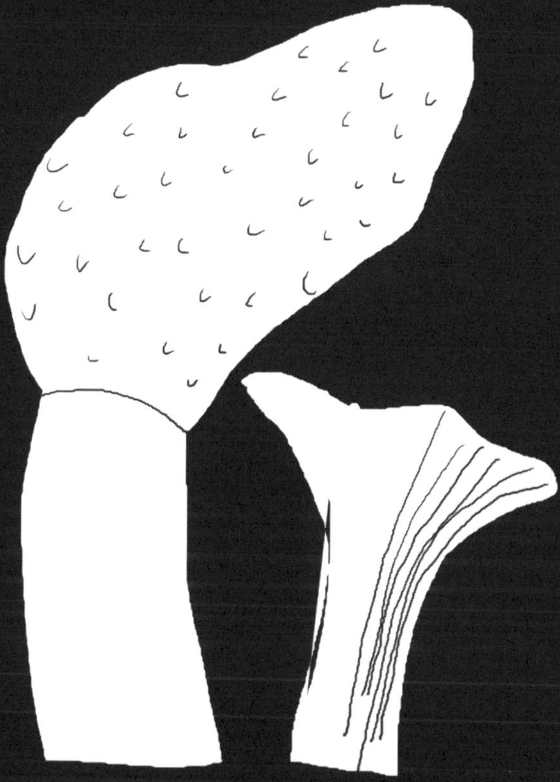

Smör | Salt | Peppar

Mina recept

Vetebröd

Doften av nybakade bullar är skäl nog för att sätta en deg. Att pröva sig fram med olika smaksättningar och former på brödet är en annan god orsak till att starta ugnen och ta fram rätt ingredienser. Smula jästen i en bunke. Smält smöret, häll i mjölken och låt vätskan få en temperatur av 37 grader. Chansa inte här. För hett eller för kallt betyder att jästen inte kan göra sitt jobb med att pösa upp degen. Rör ner sockret. Sätt slutligen till mjölet i omgångar och blanda allt, först med en rejäl gaffel eller sked och sedan med händerna. Använd inte mer mjöl än att degen blir blank och smidig och släpper från skålen. Knåda på flitigt i 10 minuter, lägg en handduk över, så att degen inte torkar på ytan, och ställ att jäsa till dubbel storlek, brukar ta en trekvart. Under tiden sätter du på ugnen, 250 grader för bullar och 200 grader för längder. När degen jäst klart, bakar du ut den i den form du valt (se nästa uppslag), lägger på plåt och låter jäsa en halv timme. Pensla med uppvispat ägg, både gulan och vitan, och sedan skjuts in i värmen. Bullar är klara på 5 till 10 minuter, längder tar dubbla tiden. Titta till brödet några gånger så att det får den vackra gyllene färg du önskar.

50 g jäst
150 g smör
5 dl mjölk
1 dl socker
14 dl vetemjöl
1 ägg

Receptet ger ca 50 bullar eller 4 längder.

Dela degen i mindre bitar,
ca 50 stycken. Rulla mellan handflatorna
till runda bullar.

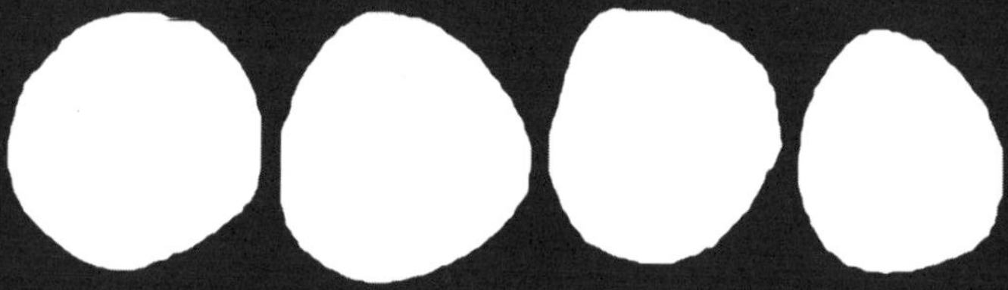

Dela degen i 4 bitar.
Forma varje bit till en slät brödlängd
eller fläta som teckningen visar.

Vinägrett

Detta är en klassiker som smaksättning av grönsallad. Många föredrar att använda den ”ren” med bara lite salt och några varv på pepparkvarnen som förstärkning. Andra vill servera den först när de fiffat upp vinägretten en smula. Som vanligt i denna bok säger vi att det är upp till dig hur du klär din dressing. Botanisera bland färska örter, kolla dina kryddburkar, se över förrådet av allt som förhöjer smaken på salladen. Förläggaren tipsade om att till exempel flytande honung och en ljus, fransk senap sätter god sprätt på mången anrättning. Hur du än gör, utgå alltid från olja och vinäger av hög kvalitet, det är bästa sättet att få till en perfekt accessoar till det gröna.

1 del vinäger 4 delar olja

Vit grundsås

Finare krogar har en kock som bara håller på med såser. Av det förstår man dels hur viktig såsen är i matlagningen, dels att det finns så många varianter att det fordras en expert för att reda rätt sås till rätten. Grundsås betyder att den fungerar som bas för andra såser. Först fräser du smör och mjöl i en kastrull och låter det gosa ihop en kort stund. Sedan tar du i vätska av det slag som passar till maten du ska servera. Koka och vispa såsen i 3 till 5 minuter. Använder du mjölk får du en så kallad béchamelsås (namngiven efter Louis de Béchamel, hushovmästare hos Ludvig XIV, som fick denna sås sig tillägnad). Efter tycke och smak kan du istället späda med buljong av fisk, skaldjur, grönsaker, kyckling, kalv, nöt eller vilt. Resultatet blir då en sauce velouté (sammetssås) eller sauce espagnole (spansk sås) beroende på om du nyttjar en ljus, lätt buljong eller en mörk, kraftig. Kryddar gör du som du vill och har lust till.

1 msk smör
msk mjöl

2 dl mjölk
eller buljong

Använd samma förhållande om du gör en större mängd.

Våfflor

– Ta hit våfflan, är stockholmsslang eller ekensnack och betyder: – Räck mig handen. Men det kan ju faktiskt lika gärna innebära att man suktar efter en frasvåffla med sylt och grädde. I synnerhet om repliken fälls den 25 mars, på den stora våffeldagen. Vispa grädden till fast skum. Rör ut mjölet i vattnet till en slät smet. Blanda ner i vispgrädden och tillsätt någon matsked smält smör. Hetta upp ditt våffeljärn och skeda i lagom med smet. Det första försöket brukar bli pannkaka, om uttrycket tillåts. Men en trasig våffla är lika god som en frasig. En del föredrar jäst i smeten. Vill du testa den varianten så tar du 2 teskedar torrjäst eller en liten klatt färsk jäst och låter bunken stå någon halvtimme innan du påbörjar själva våfflandet.

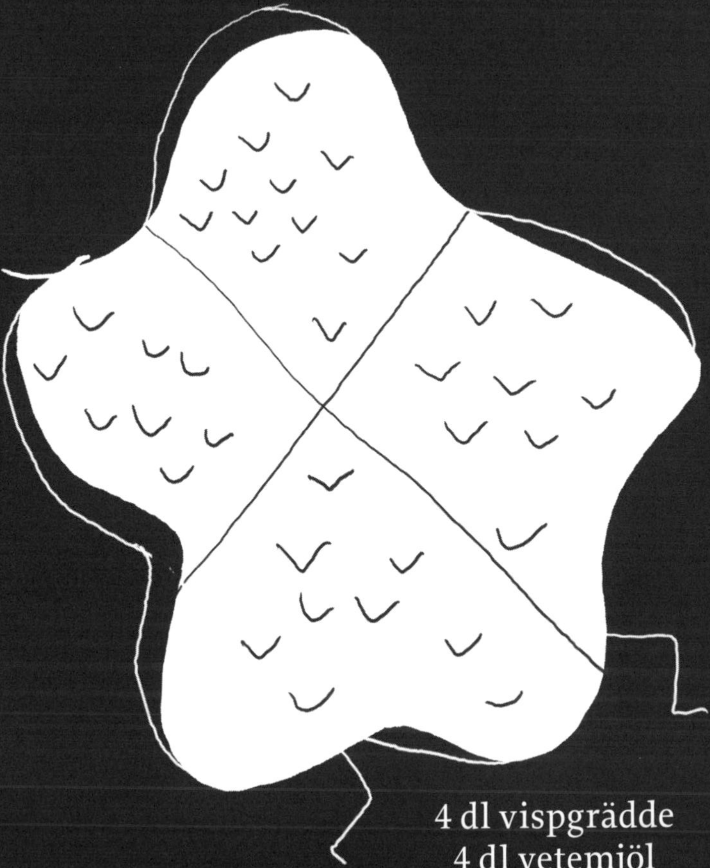

4 dl vispgrädde
4 dl vetemjöl
2 dl iskallt vatten

Smör till smeten och våffeljärnet

Mina recept

Äggröra

Många recept förordar tillagning över vattenbad, vilket är en åtgärd som förhindrar att äggröran fastnar i botten och blir bränd. Men om du är försiktig med värmen, går det lika bra med en kastrull med tjock botten, eller ännu hellre, en stekpanna. Gaffla ihop äggen lite slarvigt med grädde, mjölk eller vatten i en skål. Smält smöret, det får absolut inte brynas, och häll i äggblandningen. Börja röra sakta med en trä- eller plastsked och fortsätt medan värmen långsamt stiger. Det får inte gå för fort, och inte bli för varmt. Rör dina ägg och se hur de börjar stelna och antar en allt fylligare konsistens. När den tjocknat till en jämn och slät kräm är du klar med din äggröra. Mot slutet kan du också pytsa i riven ost, finhackade örter eller svamp, stekt och skuren i små bitar. Eller så hittar du på något alldeles eget.

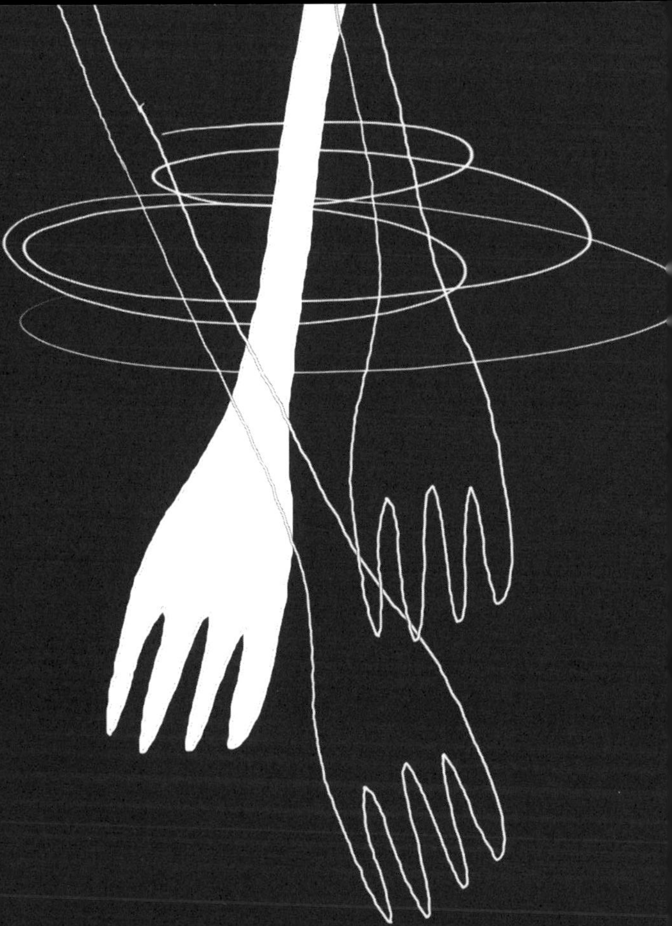

2 ägg per portion
1/2 msk vätska per portion
1/2 msk smör per portion

Salta och peppra efter smak.

Ättikslag

Inläggning i ättikslag är i grund och botten ett sätt att konservera gurka, rödbeta, morot, tomat, paprika, smålök, svamp, nypon och andra av årstidens favoriter. Men det handlar egentligen mer om smak, det sursöta sätter fantastisk fin sprätt på det inlagda. En del grönsaker ska förvällas en kort stund för att bli mjukare och lättare ta åt sig av lagen. Gurka, den där korta och knubbiga som sägs härstamma från Västerås, ska däremot bara sköljas och användas som den är, hel eller skivad. Måtten är lite olika beroende på vad som ska läggas in. Grundreceptet gäller ättiksgurka. Blir du inspirerad att göra likaledes med andra råvaror, hittar du lämpliga recept i annan litteratur. Eller så prövar du dig helt fräckt fram till dina egna blandningar. I övrigt är proceduren enkel. Fyll väl rengjorda glasburkar med dina grönsaker och kryddor. Koka upp en lag av ättika, vatten och socker. Låt den svalna något och häll över gurkan eller vad du nu har valt. Skruva på locket och ställ svalt att "mogna" någon vecka.

1/3

vardera av ättika, 12 procentig, vatten och socker

Krydda lagen med pepparkorn, senapsfrön, bitar av pepparrot, vitlök, dillkronor, svarta vinbärsblad, skivad morot, rödlök... eller vad du tycker sätter piff på anrättningen.

Vad betyder det?

Blanchera	Koka råvaran en kort stund, eller häll bara kokande vatten över, innan du börjar den egentliga tillagningen. På svenska säger vi *förvälla* och det innebär att vi behandlar till exempel grönsaker för att mildra smaken något eller mjuka upp konsistensen.
Bryna	Hetta upp en råvara i stekpanna eller stekgryta tills den fått fin färg. Större detaljer av kött eller fågel bryns också för att inte torka ut under den fortsatta tillagningen.
Bräsera	Låt brynta stycken av kött, fågel eller fisk sjuda under lock i buljong eller sås som täcker pannans botten, och lite till. Se bara opp så att det inte kokar torrt.
Deglacera	Tillsätt en aning vatten, buljong, vin eller grädde i pannan och lös upp det som är vart efter att du stekt kött, fågel eller fisk. Koka upp och rör mot botten, sila av och använd som smaksättare i sås eller som sky över den färdiga rätten.

Flambera	Skvätt uppvärmd alkohol över maträtten i pannan och tänd på. Var vaksam så att lågorna inte når köksfläkten. Alkoholen brinner upp och kvar blir smakämnena. Använd en spritsort med tydlig arom och som passar till det du ska servera, köttet, fågeln, fisken eller kanske frukten. Vispa ur och häll över eller blanda i såsen.
Fritera	Hetta upp en neutral olja som tål hög temperatur, upp till 250 grader, och sänk ner råvaran tills den fått fin färg. Bitarna har du först doppat i en frityrsmet.
Fräsa	Hetta upp en råvara utan att den får färg.
Glasera	Täck maträtten med sin egen stek-sky, buljong eller gelé. Till grönsaker använder du smör som ger en glansig yta och bakverk kröns av en glasyr gjord på socker och vatten.
Gourmet	Finsmakare.
Gourmand	Storätare.
Gratinera	Placera maträtten under stark övervärme. Till bland annat fisk, grönsaker och pasta häller du över en gratängsås, innan du sätter in formen i ugnen.

Griljera	Panera kokt kött, som julskinka, eller stekt och låta det få färg i ugnen eller i stekpanna ovanpå spisen. Gör framför allt att rätten ser finare ut.
Grilla	Tillaga kött och fågel under eller över stark värme.
Halstra	Tillaga fisk under eller över stark värme.
Kandera	Doppa till exempel frukt, bitar av kokta rotsaker eller grönsaker i en mycket koncentrerad sockerlag som blir hård när den kallnat.
Konservera	Gör råvaror och lagade rätter hållbara över tiden genom att värma upp, sterilisera och förvara i lufttäta glas, torka, salta, röka eller djupfrysa.
Marinera	Möra och smaksätt kött, fågel och fisk i en blandning, en marinad, av vinäger, olja, och kryddor. Vinägern kan du byta ut mot citronsaft eller vin.
Montera	Förhöj smaken på din sås eller soppa genom att vispa i smör eller grädde.
Nappera	Häll över en sås lagom tjock att täcka men inte dölja maten.
Panera	Täck kött, fågel eller fisk som ska stekas med ett hölje av mjöl,

	uppvispat ägg och ströbröd. Bäst är att du låter panaden torka fast en stund innan du lägger maten i pannan.
Passera	Pressa kräm, sås eller soppa genom en sil för att göra den slät och fri från klumpar.
Puréa	Passera kokta grönsaker, rotsaker eller frukter.
Reda	Gör till exempel en sås eller soppa fyllig genom att sätta till grädde, mjöl, smör eller äggula eller någon blandning av dessa ”redare”.
Reducera	Förstärk smaken hos till exempel en sås eller buljong genom att koka eller sjuda den så att vatten ångar bort och vätskan minskar i volym.
Sautera	Bryn mindre bitar av kött, fågel eller fisk och låt dem steka färdigt under lock.
Späcka	Stick in bitar av bacon, vitlök, ost, sardell eller annat gott i kött som ska stekas. Uttrycket kommer sig av att magert kött preparerades med späckstrimlor för att inte bli torrt.
Tranchera	Skär till exempel en färdig stek eller fågel i skivor och lägg upp på fat.

Var sitter delen?

Karré / Rygg
Sadel / Kotlett / Racks
Stek
Bog
Lägg
Bringa

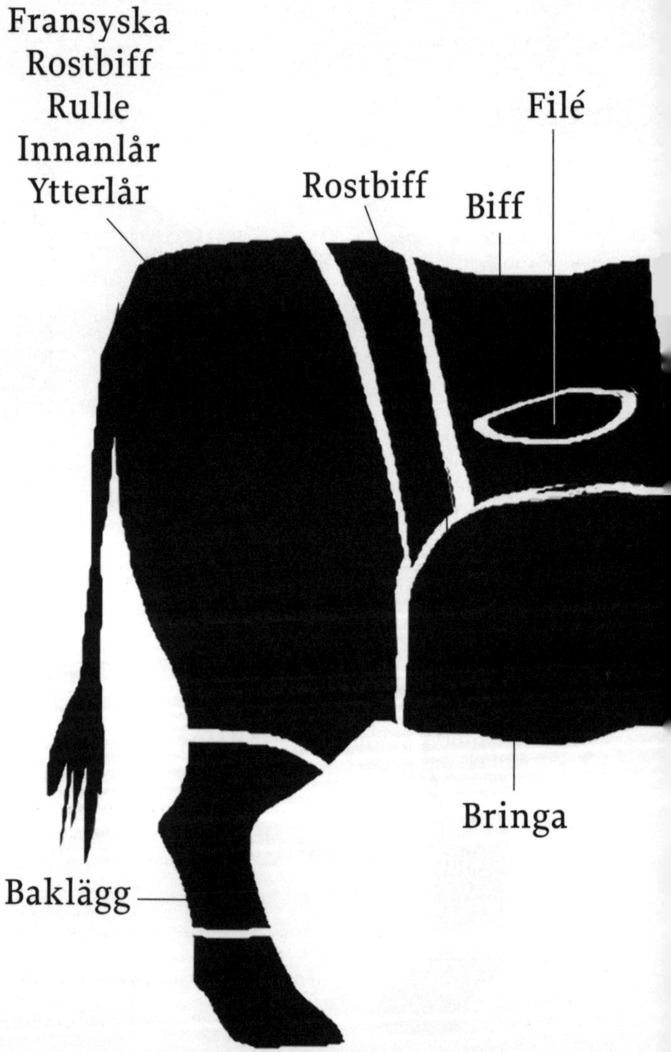
Fransyska
Rostbiff
Rulle
Innanlår
Ytterlår
Rostbiff
Biff
Filé
Bringa
Baklägg

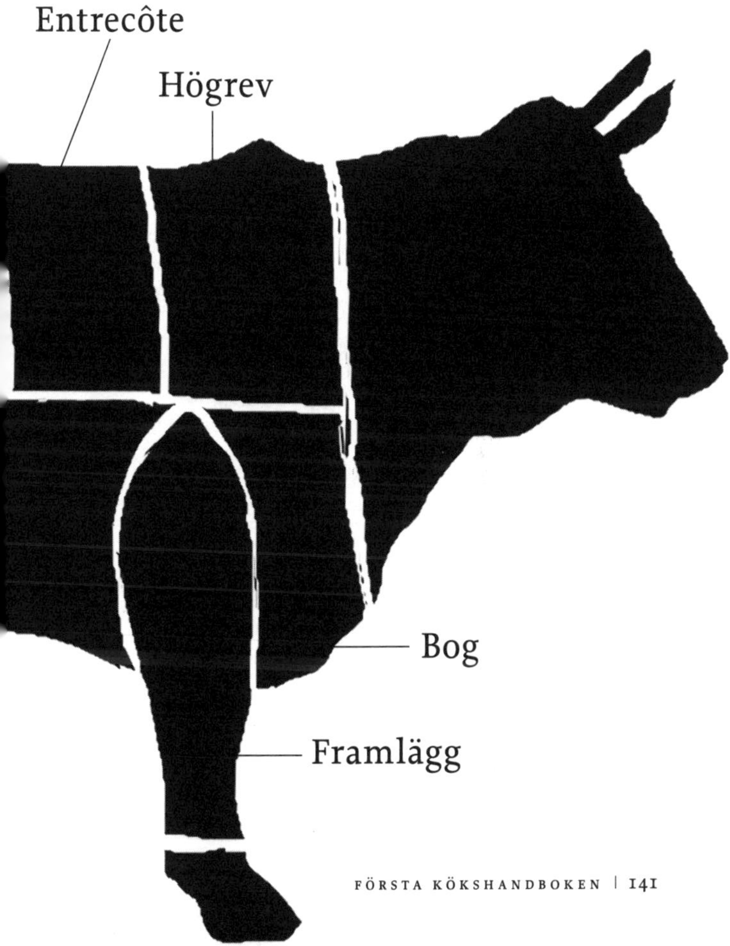
Entrecôte
Högrev
Bog
Framlägg

Kotlettrad
Skinka
Lägg

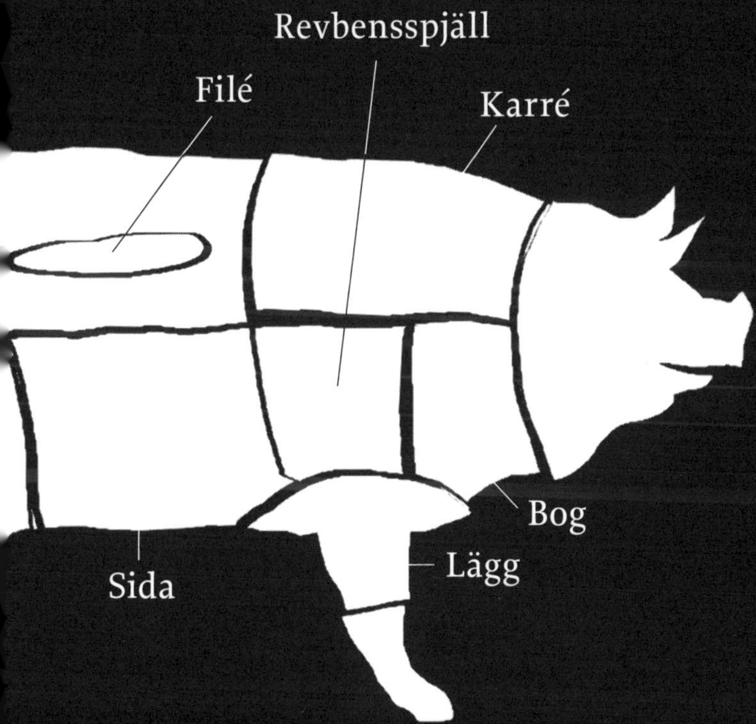
Revbensspjäll
Filé
Karré
Bog
Lägg
Sida

Välj stek-
temperatur

Stick in termometern så att spetsen hamnar mitt i den tjockaste delen av köttet.

Nöt	Rött	57 – 59 grader
	Rosa	60 – 62 grader
	Lätt rosa	70 – 72 grader
	Genomstekt	75 – 77 grader
Gris	Genomstekt	82 – 85 grader
Lamm	Lätt rosa	70 – 72 grader
	Genomstekt	75 – 77 grader

Vad är krm?

krm = kryddmått = 1 ml
tsk = tesked = 5 ml
msk = matsked = 15 ml
ml = milliliter
cl = centiliter
dl = deciliter
g = gram
hg = hektogram
kg = kilogram